Autres ouvrages jeunesse de l'autrice.

Albums :

Mon copain Ethan est végane (illustré par Héloïse Weiner)
Nicolas, le bébé koala (illustré par Korrig'Anne)
L'arbre à chats (illustré par Isaa)
Charlotte sans culotte (illustré par Korrig'Anne)
L'enlumineur des étoiles (illustré par Astrid Bertin et Marceau Pradinas)
Ethan et les animaux (illustré par Scarlet Mila)
Regards (collectif)
Les tétées de Maïté (illustré par Isaa)

Romans :

Le voyage d'Antinéa
Les aventures d'Oxygène, à paraître en 2018

Documentaires :

Les cloportes
Le lierre

Ouvrages pour adultes à découvrir sur janne-selene.com

http://jeanne-selene.com – jeanneselene@outlook.fr
Correction : Sans Coquille – contact@sanscoquille.fr
Illustrations et photographies : images CCO
Jeanne Sélène, Saint-Brice, France
Texte protégé, toute reproduction partielle ou totale interdite.
ISBN : 979-10-96202-34-8

Jeanne Sélène présente...
Le lama !

Les lamas sont
des mammifères de la
famille des camélidés,
comme les chameaux et
les dromadaires.

Il existe d'autres camélidés moins connus : les alpagas, les guanacos et les vigognes.

Une vigogne

Les petits camélidés comme les lamas sont originaires d'Amérique du Sud.

Les lamas utilisent le crachat

comme une arme de dissuasion :

avec leurs congénères pour assurer

la hiérarchie, avec les humains

s'ils se sentent agressés.

Les petits camélidés adorent se rouler dans la terre, le sable ou les feuilles mortes. Cela les aide à réguler leur température et à chasser certains parasites.

Les lamas se nourrissent

de végétaux :

herbes et broussailles

principalement.

Les lamas femelles portent leur petit pendant onze mois et demi.

Les lamas n'ont pas de sabots, mais deux doigts avec des coussinets munis d'ongles.

En général, les lamas font toujours leurs besoins aux mêmes endroits. Ils peuvent même y aller en groupe et faire la queue !

Les lamas ont un langage sonore assez varié, ils utilisent le plus souvent des petits « humm » pour échanger. Pour intimider, ils vont produire des claquements assez secs. Ils peuvent également marmonner, râler, hennir, chuinter...

Ordre : artiodactyle qui signifie « orteils égaux ».

Sous-ordre : tylopode qui signifie « pieds à coussinets ».

Particularités : possède un estomac à 3 poches et rumine sans être un « ruminant ».

Déplacement privilégié : l'amble.

Position d'accouplement : allongée.

Poids : 55 à 90 kg pour un adulte ; 6 à 9 kg à la naissance.

Taille au garrot : entre 1 et 1,20 m.

Sous-espèces : lama classique, lama lainé et lama suri.

Laine "suri"

Références bibliographiques :

Lamas et alpages – Les connaître, les élever – Christiane et Bernard Giudicelli, 2013

Sans oublier le lama qui vit avec nous, j'ai nommé : Barbouille !

Licence photographies et illustrations **CCO** :

Vantagepointfl, LoggaWiggler, HOerwin56, Falco, TheusiNo, Navigator175, Hhach, Santibertola, Manfredrichter, bluebrightly, Dassel, Oxyslvie

depuis Pixabay et Visualhunt pour les attributions requises. Merci !

Police d'écriture : cursivestandard, **CCO**.

Dépôt légal : troisième trimestre 2018

Loi n° 49-956 du 16 juillet 1949

www.ingramcontent.com/pod-product-compliance
Lightning Source LLC
Chambersburg PA
CBHW042018110726
48006CB00004B/1133